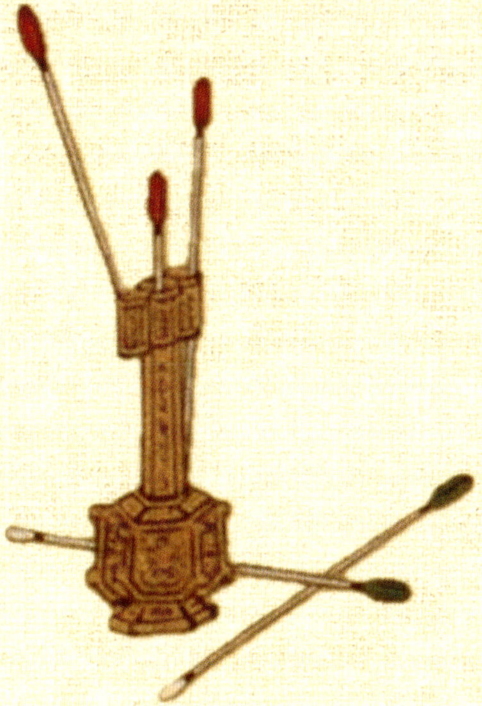

图书在版编目（CIP）数据

古人玩什么 / 姚依娜著. -- 西安 : 未来出版社,
2024.4
ISBN 978-7-5417-7655-7

Ⅰ. ①古… Ⅱ. ①姚… Ⅲ. ①休闲娱乐－中国－古代
－儿童读物 Ⅳ. ①C913.3-49

中国国家版本馆CIP数据核字(2023)第254688号

GUREN WAN SHENME

古人玩什么

姚依娜 / 著

出 品 人: 李桂珍
选题策划: 赵向东 杜泊锐
责任编辑: 王　悦
出版发行: 陕西新华出版 未来出版社
社　　址: 西安市登高路1388号
邮政编码: 710061
电　　话: 029-89122633
经　　销: 全国各地新华书店
印　　刷: 鹤山雅图仕印刷有限公司
开　　本: 889mm×1 194mm　1/12
印　　张: 4
字　　数: 40千字
版　　次: 2024年4月第1版
印　　次: 2024年4月第1次印刷
书　　号: ISBN 978-7-5417-7655-7
定　　价: 38.00元

古人玩什么

画里有话

姚依娜／著

陕西新华出版
未来出版社
·西安·

● 明·佚名《上元彩灯图》局部

上元节可以看到什么灯呢

灯的造型多种多样，有莲花灯、龙灯、马灯、鱼灯、螃蟹灯……地上有可以滚动的大球灯，空中有投掷的小球灯。上元节最气派的要属“鳌（áo）山”了。鳌山也被称为灯山，用竹子或木头搭出架子，上面挂满一盏盏灯。有的地方在灯山上摆放花卉，有的地方则在灯山上放动物，非常壮观。

小朋友，请你找找看，画中还有哪些有趣的灯呢？

上元观灯

上元节，又称元宵节、灯节，是中国的传统节日。这一天大家要一起赏灯、闹元宵。古代上元节有多么热闹呢，大家看看这幅画就知道了。

上元节源于何时呢

有一种说法是中国人在两千多年前就开始过上元节了。相传，汉文帝刘恒当皇帝后，每年的正月十五这一天都要着便装出宫，与民同乐。

明 · 吴彬 《月令图卷》局部

● 宋·李嵩《观灯图》

你知道走马灯么

在底座的中间立一根细木棍，棍子的顶端装一个叶轮。棍子的中间横向装几根细铁丝，每根细铁丝上固定一个用纸剪成的动物像或人像。底座上放一根蜡烛并点燃，蜡烛燃烧产生热气，气流推动上面的叶轮旋转，固定在铁丝上的动物像或人像也开始旋转。它们的影子投在灯罩上，你追我赶，不停旋转。这种灯笼有趣吗，古人是不是很会玩呢？

上元节除了赏灯，还会干什么呢

上元节有集市，人们可以在集市上买小吃，看杂技表演、社火……好热闹啊！在街道上，你可以看到人们在头上戴各种装饰：女性会在头上戴灯球、灯笼，男性会戴着用白纸做成的飞蛾。更奇特的是“火杨梅”，人们用熟枣加上碳做成杨梅的形状，穿在铁枝上，点上火戴在头上。

● 明·佚名《明宪宗元宵行乐图》局部

诗词拓展

正月十五夜

【唐】苏味道

火树银花合，星桥铁锁开。
暗尘随马去，明月逐人来。
游伎皆秾李，行歌尽落梅。
金吾不禁夜，玉漏莫相催。

明·钱穀《兰亭修禊图》局部

曲水流觞

农历三月初三是中国古代非常重要的节日——上巳节。这一天，人们来到水边嬉戏，希望能去除疾病和灾难，又被称为“修禊（xì）”。曲水流觞（shāng）是大家坐在水边玩的一种游戏——在羽觞里倒上酒，放置在水面上，羽觞随水漂流，漂到谁的跟前，谁就喝完羽觞里的酒。

文人们玩曲水流觞就更有趣了。羽觞漂到谁的面前，谁就作一首诗，如果作不出来，就要罚酒了。

羽觞是什么

羽觞，是一种椭圆形、平底，带着两个耳朵的盛酒器，这两个耳朵就像小鸟的翅膀，可以让羽觞漂浮在水面上保持平衡。羽觞一般是木质的，除木质外，还有漆器、玉质的，最独特的羽觞是用蚌壳制成的。

● 明·钱穀《兰亭修禊图》局部

最有名的曲水流觞

公元353年农历三月初三上巳节，王羲之、谢安等四十多位名士在会稽（今绍兴）兰亭聚会，大家一起赋诗、饮酒，玩得正高兴的时候，有人提议将大家所作的诗汇编成诗集，并请王羲之为诗集写序。王羲之提起笔，挥毫泼墨，写下了著名的《兰亭集序》。

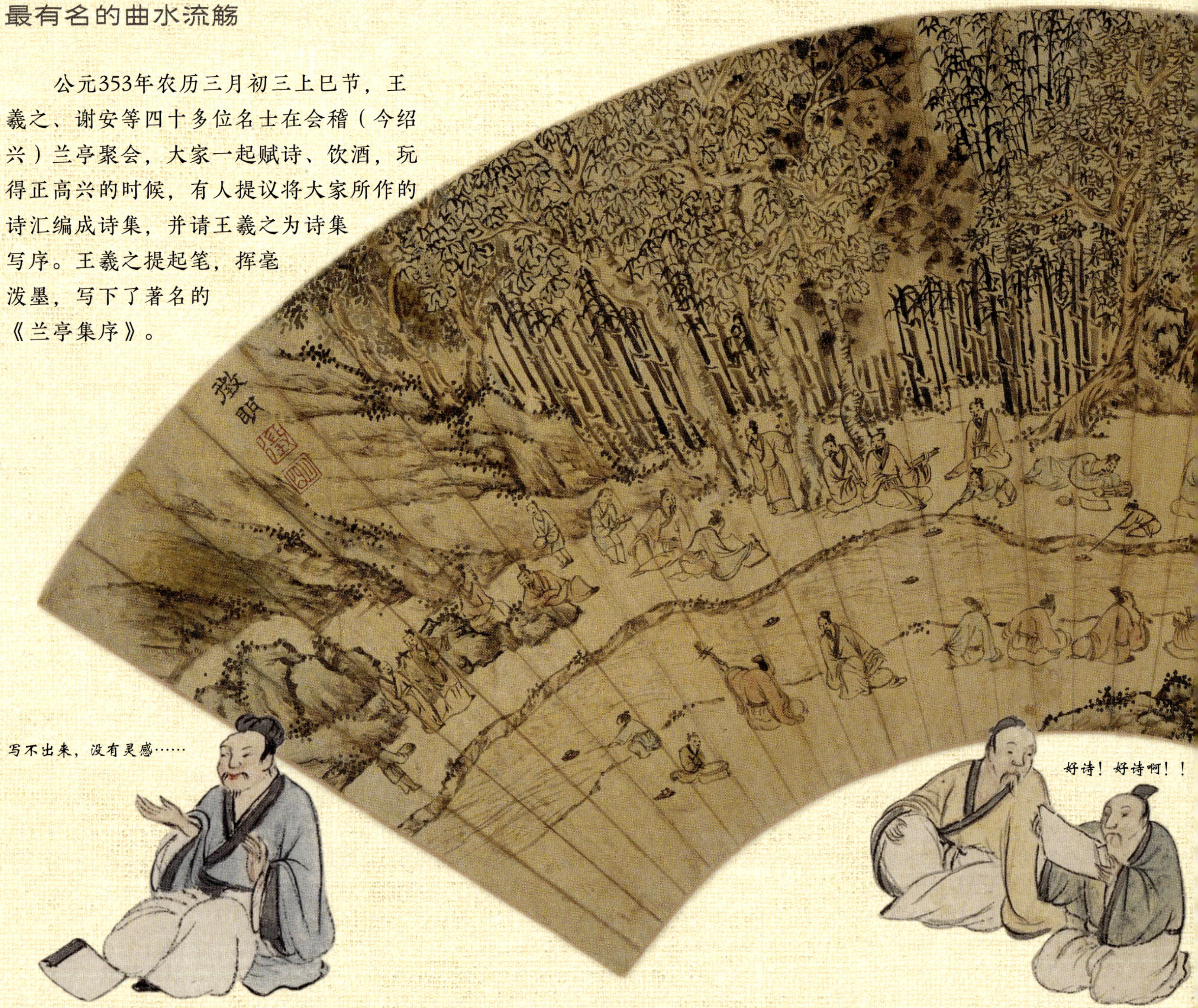

洛阳聚会

曲水流觞的游戏因为兰亭集会广为流传。公元837年农历三月初三上巳节，白居易、刘禹锡等人在洛阳举办了一场聚会，参加这次聚会的文人雅士共有十五人，他们赏景、赋诗，曲水流觞，刘禹锡认为这次聚会比兰亭集会更胜一筹，便写下了“洛下今修褉，群贤胜会稽”的诗句。

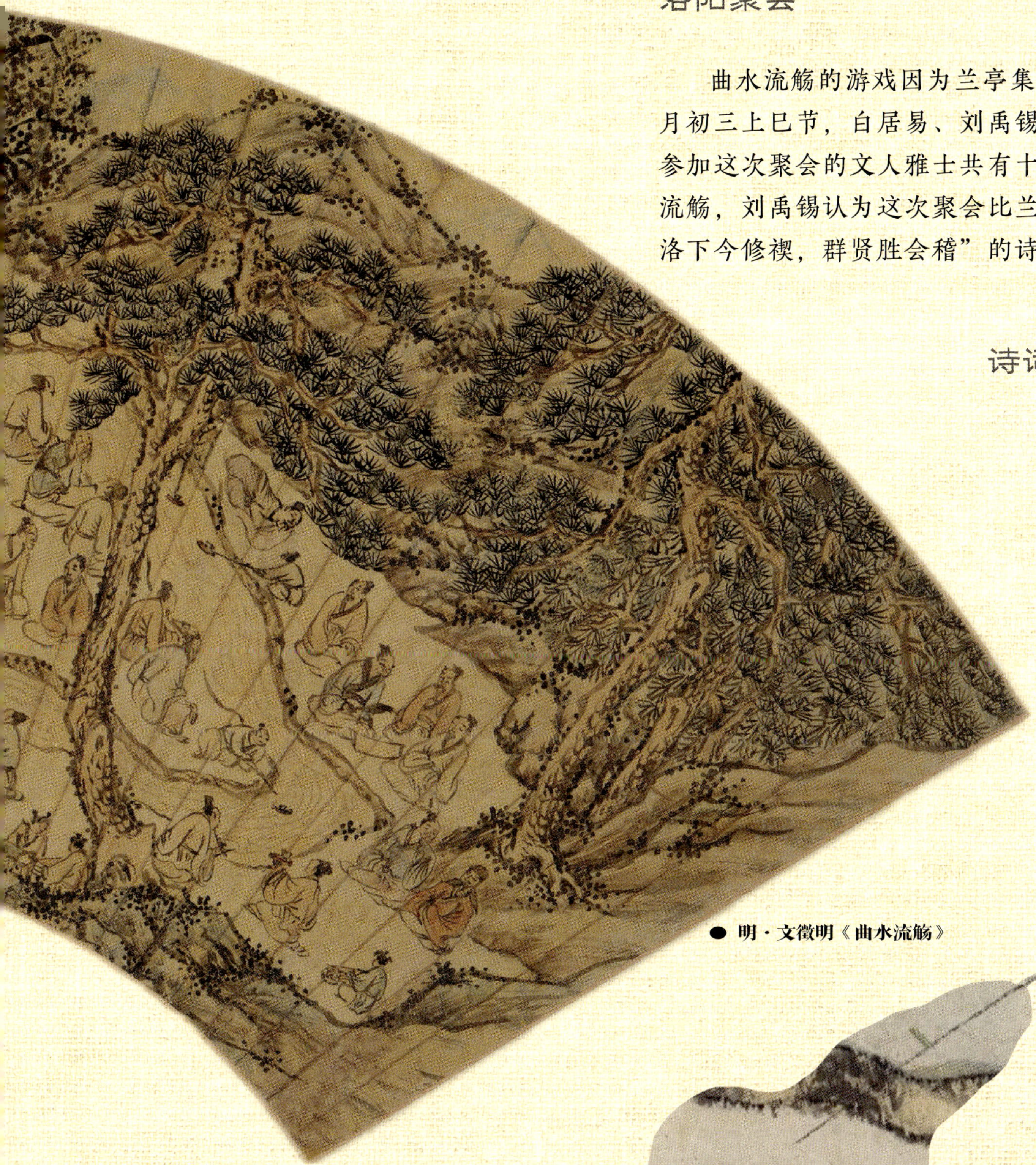

● 明·文徵明《曲水流觞》

诗词拓展

水竹野十咏·曲水流觞

【宋】叶茵

兰亭饮者徒， 因物寓天理。
著眼静中观， 坎止流行耳。

清 · 金廷标 《儿童斗草图》局部

斗 草

古人把五月称为“毒月”“恶月”。这个时节蚊虫逐渐变多，人们会采集各种草药驱赶毒虫，后来用草药驱赶毒虫逐渐成为端午节的习俗。古人在端午节除了吃粽子，挂艾草，还有一个重要的娱乐活动就是“斗草”。你瞧，画中的小朋友正在玩的就是斗草游戏。

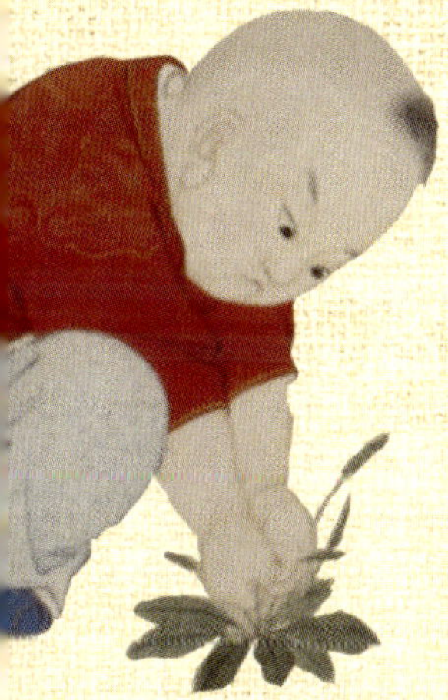

武斗怎么玩

若要论武斗，比的不光是谁的力气大，还要看谁找的草叶韧性好。比赛的两个人每人手拿有一定韧性的草或树叶的柄，然后相互交叉成“十”字状，使劲拉扯，谁的草或叶柄不断，谁就取胜。看似简单，里面学问可不少呢！这需要一定的植物学知识和识别花草的经验，要能分辨花、草、叶的韧性。有经验的小朋友会先把摘到的草叶放在脚下踩扁，增强韧性。更有小朋友将精心选好的草茎放入特殊液体中浸泡，取出后自然风干，让草茎的韧性大大增强，再去和同伴比试。

草中的常胜将军

画中穿红衣服的小孩蹲在地上拔草。他拔的是什么草呢？这草便是斗草场上的常胜将军——车前草。车前草的根茎坚韧，敢长在路中间，就连车轮碾压也不怕。所以取名“车前草”，又叫“当道”。

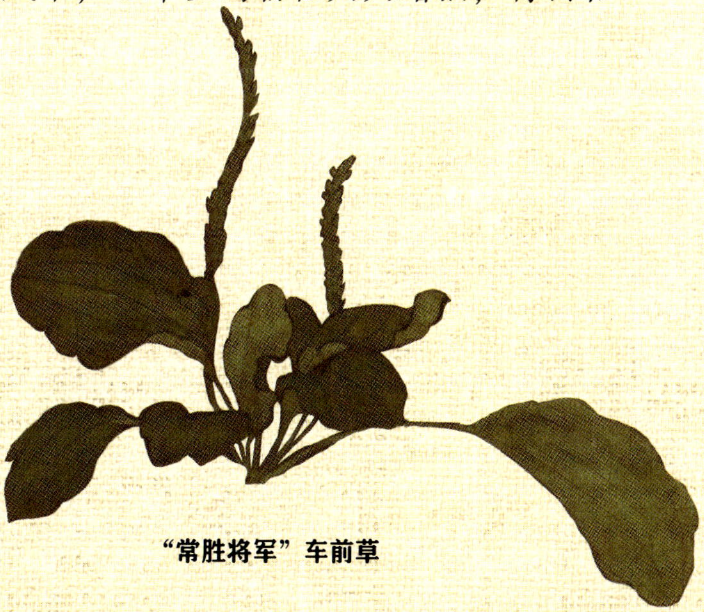

“常胜将军”车前草

文斗怎么玩

文斗，首先要采集大量不同品种的花草，如果采集到稀有品种赢的概率就更大了。花草采好，游戏也就正式开始了。参加游戏的人轮流说出花草的名字，谁坚持到最后，谁就赢了。第一个人如果出示的草名字是三个字，后面的人出示的草名字也要是三个字。游戏可以两个人玩、三个人玩，也可以多人玩。玩游戏的人既要认识这些花草，又要准确说出它们的名称，是不是有点儿难度呢？

诗词拓展

宫词 · 其八十五

【唐】王建

水中芹叶土中花，
拾得还将避众家。
总待别人般数尽，
袖中拈出郁金芽。

文斗比的是谁采集到的花草种类更多，谁采集的花草新颖别致。唐代诗人王建在《宫词 · 其八十五》中就描述了一群活泼、天真的少女在百花盛开的园子里采花草，举行斗草比赛的场景。有一位小姑娘在水中和土里寻找，终于找到了独特的花草，她悄悄藏在袖子里，不让别人发现，待其他人出尽了她们所找到的花草后，她才从袖子里取出刚刚找到的郁金芽。

● 明·仇英《百美图》局部

● 清·陈枚《月曼清游图》局部

投针乞巧

七夕节在农历七月初七，相传是牛郎和织女见面的日子。在古代，这一天也是属于女孩子的节日，又称“女儿节”，也称“乞巧节”。在这一天，有一个重要的活动，就是乞巧，女孩子会祈祷织女赐给她们一双灵巧的双手。在白天，女孩子还会玩“丢巧针”的游戏。

丢巧针怎么玩

在七夕前一天，女孩子将白天取的水和晚上取的水混在一起，放在一个漂亮的盆子或碗里，露天过夜，第二天让太阳晒一晒，然后把绣花针轻轻放在水面上。如果针没有沉下去，并且碗底的针影弯曲或者组成其他图形，就说明女孩子会像织女一样心灵手巧。

● 清·佚名《十二月月令图》之七月 局部

其他的乞巧游戏

古代的女子还发明了一些另类的乞巧游戏，那就是在七夕节当天晚上捉一只蜘蛛放在盒子里，让蜘蛛在盒子里结网。第二天，谁的盒子里结的蜘蛛网又圆又规则，谁就得巧了。

还有一种乞巧游戏叫穿针乞巧。在七夕之夜，女子手执五色丝线和连续排列的九孔针（或五孔针、七孔针），趁月光对月连续穿针引线，全部穿过且速度最快的人得巧。

诗词拓展

乞巧

【唐】林杰

七夕今宵看碧霄，牵牛织女渡河桥。
家家乞巧望秋月，穿尽红丝几万条。

● 清 · 佚名《十二月月令图》之七月 局部

推 枣 磨

古代的小朋友有玩具吗

玩具可不是现代社会才有的，在古代，就有各种各样的玩具。有的玩具买回来就可以直接玩，有的玩具需要自己动手制作。

推枣磨怎么玩呢

画中的小朋友正在玩的是自制玩具——推枣磨，这是一种专属秋天的玩具。先将一颗鲜枣切掉一半的果肉，让半个枣核露出来。然后用三根小竹签插到果肉里，让枣可以立在桌面上，作底座。再在一根稍长的竹篾两端各插一个枣，最后将竹蔑放在枣核的顶部，轻轻推动，让竹篾旋转起来。两个人轮流推，谁的竹篾转动的时间长，谁就获胜。可别小瞧这个游戏，没有耐心和细心，可不会取胜哦。

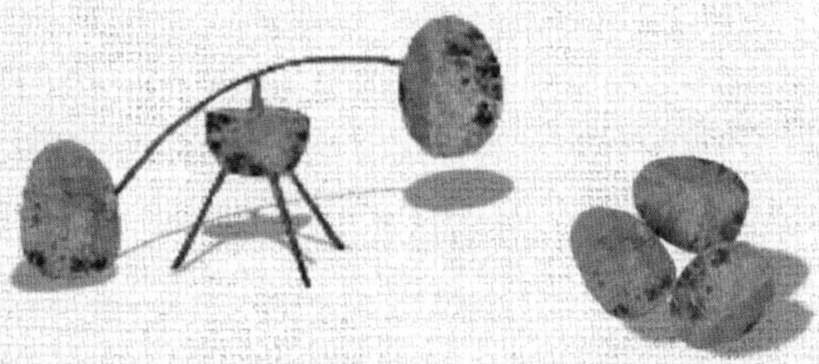

这幅画里就有好几种玩具呢，你能找出来吗？

哈哈，已经第五圈了。

● 宋 · 苏汉臣《秋庭戏婴图》局部

动手玩一玩

准备三颗枣、

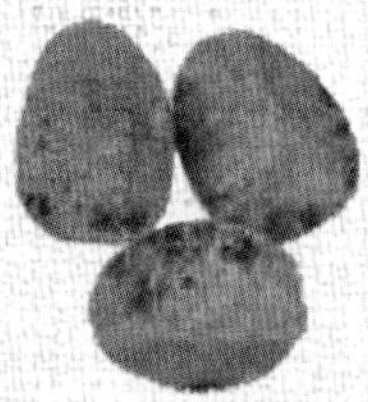

三根小竹签、

一根竹篾。

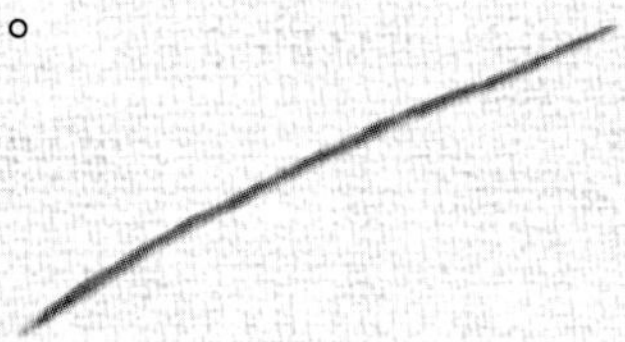

小知识

竹签是圆形的或者扁扁的，游戏中使用的是圆形的竹签，和我们生活中使用的牙签很像。竹篾就是扁扁的薄竹片。

1. 将一颗鲜枣切掉一半的果肉，露出枣核。

2. 将三根小竹签插到果肉里，立在桌子上，作底座。

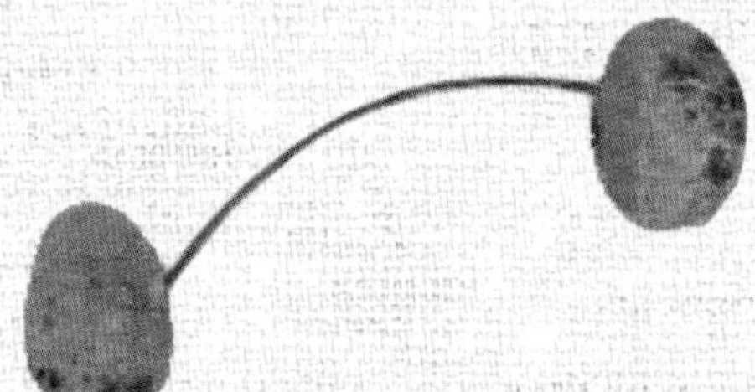

3. 在一根稍长的竹篾两端各插一个枣。

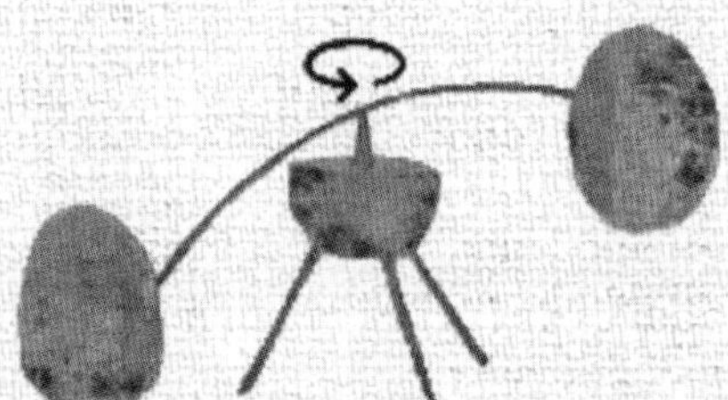

4. 将竹篾放在枣核的顶部，轻轻推动，让竹篾旋转起来。

小朋友，准备挑战更高的难度吧，但是不可以浪费食物哦。

古代小朋友的玩具也很丰富

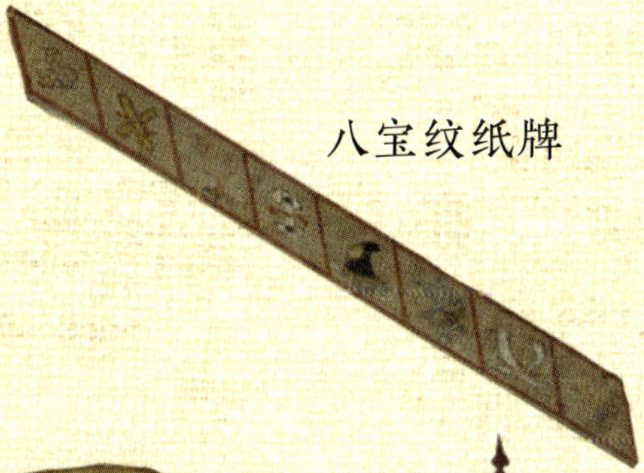

八宝纹纸牌

手捻陀螺和玳瑁盘

人马转盘

棋子盒

铙钹

● 宋·苏汉臣《冬日戏婴图》局部

聘 猫

在古代，猫深受人们的喜爱，因为它们擅长抓老鼠，能够保护粮食。读书人也很喜欢猫，为什么呢？贪吃的老鼠，不仅偷粮食，还偷咬书，爱书如命的读书人，真是恨透了老鼠，对猫也就异常宠爱了。古人养猫，首先要聘猫。

黄庭坚说：“闻道狸奴将数子，买鱼穿柳聘衔蝉。”

诗人陈郁说：“穿鱼新聘一衔蝉，人说狸花量直钱。”

诗人陆游说：“裹盐迎得小狸奴，尽护山房万卷书。”

衔蝉、狸奴是什么？穿鱼、裹盐又是什么？这到底是怎么回事儿呢？

聘猫先要写聘书

衔蝉、狸奴都是猫的别称。宋朝人爱猫到了极致。想要拥有一只猫，要做一系列的准备工作：首先要挑选一个吉日，写一份聘书，也称“纳猫契”，意思是猫与主人从此以后正式成为一家人，并请神仙做个见证。纳猫契上要写下纳猫的日期、猫的外貌及纳猫人对它的要求，如：要好好抓老鼠，不能偷吃东西，不能到处乱跑等等。

聘猫需要准备什么聘礼呢

盐、鱼都可以成为猫的聘礼。如果聘来的猫是家猫生的小猫，就要给猫妈妈的主人家送盐，也可以送糖、茶叶等；如果聘来的猫是野猫，就要给猫妈妈送一串小鱼。

所以，黄庭坚、陈郁、陆游聘的猫是哪种猫，你知道了吗？

迎猫回家还有仪式

迎猫回家的路上也有很多仪式。迎回家时，要把它装在斗或桶里，外面套上布袋，再找原主人讨要一双筷子放在装猫的容器里。假使遇到坑坑洼洼的路面，一定要用石头填平。到家以后，要先带着猫去拜家里的灶神和狗，然后把讨要的筷子插在家中的土堆里，之后猫就会把这个土堆当成厕所。这个土堆也许就是最早的猫砂了。

古人怎么给猫起名字

古人给猫起名字通常会以毛色作为参考，起的名字非常雅致。不信，我们一起来看一看。

明·朱瞻基《唐苑嬉春图》局部

清·黄慎《蹴鞠图》

蹴　鞠

蹴鞠（cù jū），又名“蹋鞠”“蹴球”“蹴圆”“筑球”“踢圆”等，“蹴”有用脚蹋、踢的意思，“鞠”最早是外面包着皮革、里面塞满米糠的球，类似今天的足球。

什么时候开始流行蹴鞠

据史料记载，早在战国时期汉族民间就流行娱乐性的蹴鞠游戏，从汉代开始蹴鞠成为兵家练兵之法，宋代蹴鞠发展到顶峰，出现了蹴鞠组织与蹴鞠艺人，清代开始流行冰上蹴鞠。

蹴鞠究竟怎么玩呢

宋代，蹴鞠深受人们的喜爱。上至皇帝，下到百姓，男女老少都参与其中。正式的蹴鞠叫筑球，32人参加，分成两队，每队16人。比赛时，在场地中间竖一个高高的球门，如果甲方球穿过球门中间的门洞，来到乙方的场地，乙方没有接到球，球落地，甲方就获胜了。比赛时，球队还会统一服装呢。非正式的蹴鞠叫白打，白打没有球门，可以一个人踢，两个人对踢，或多个人组队踢。

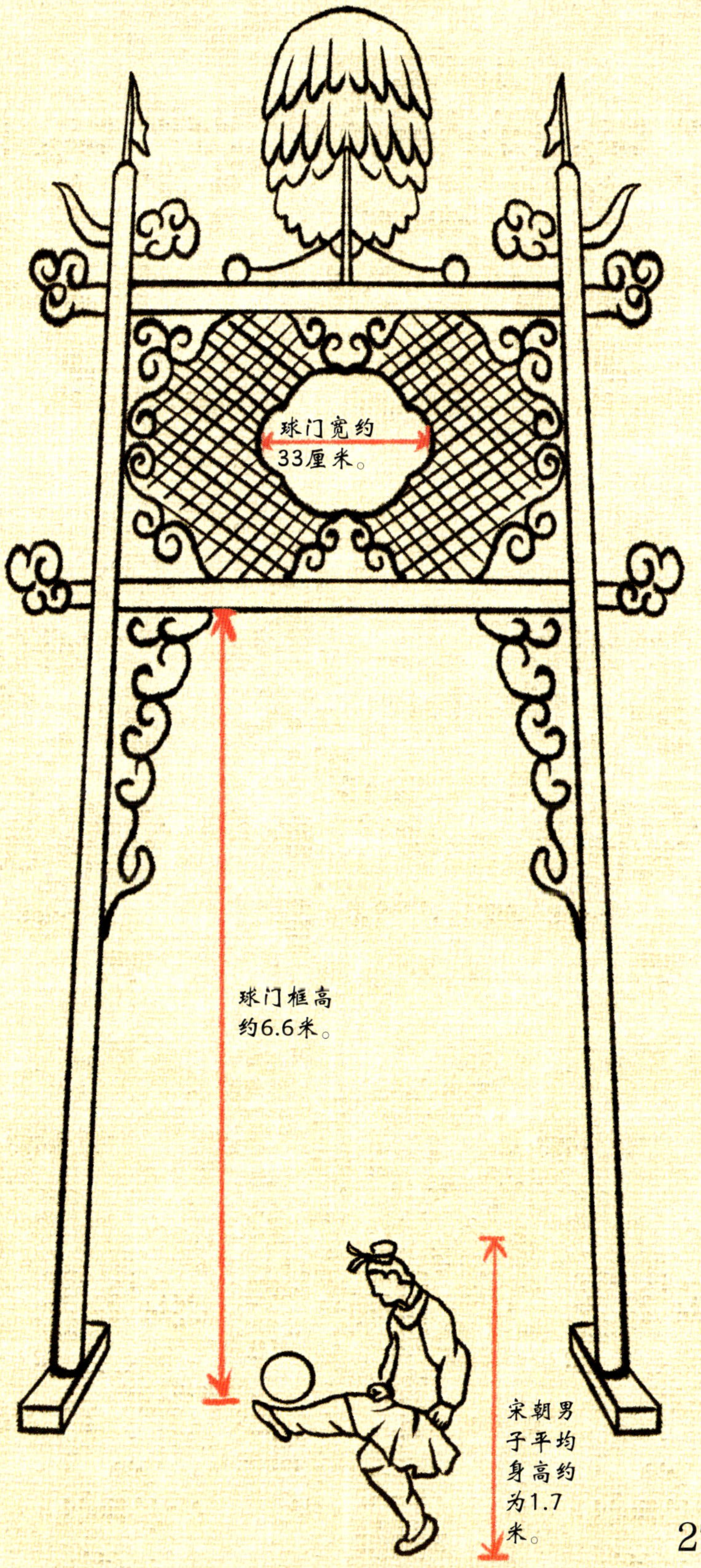

宋代也有“足球俱乐部”

宋代，蹴鞠盛行，久而久之，就形成了社团，叫齐云社。齐云社吸纳社员，组织比赛，并对比赛进行宣传，还给大家提供比赛的场地。为了规范蹴鞠，齐云社还制订了《齐云社规》，其中有“十紧要”和“十禁戒”：

“十紧要”——要和气，要信实，要志诚，要行止，要温良，要朋友，要尊重，要谦让，要礼法，要精神；

“十禁戒”——戒多言，戒赌博，戒争斗，戒是非，戒傲慢，戒诡诈，戒猖狂，戒词讼，戒轻薄，戒酒色。

社规规定了参赛人数、比赛规则、比赛礼仪等。后来，越来越多的社团出现，因为鞠是圆形的，所以统称为圆社。

明·杜堇《仕女图》局部

通过蹴鞠训练军队

西汉时期，霍去病带领军队驻守在荒漠中，条件艰苦、气候恶劣，加上思念家乡，士兵的情绪非常低落。霍去病思来想去，终于想到了一个办法。他命人缝制了一个皮球，修了一个球场，并在场地上挖了两个土坑，将士兵分成两队，只要一方能将球踢进对方的土坑，就算获胜。获胜的一方，会得到一顿美餐。踢球不但能让大家心情愉悦，而且身体越来越好，团队的凝聚力也增加了。这也许就是霍去病战功无数的原因之一吧。

诗词拓展

晚春感事

【宋】陆游

少年骑马入咸阳，鹘似身轻蝶似狂。
蹴鞠场边万人看，秋千旗下一春忙。
风光流转浑如昨，志气低摧只自伤。
日永东斋淡无事，闭门扫地独焚香。

击鞠和捶丸

唐代人尚武，擅长骑马，也喜欢打马球。

打马球需要哪些装备呢

一人一匹马，一人一根球杆，一个镂空的五彩木球。

场地有什么要求呢

先在土里掺入小石子、细沙石、稻草灰等；然后用石碾碾压平整、光滑；再浇上麻油。哈哈，搞定啦！即使长安城天气干燥，也不会有扬尘了。

一切准备就绪，该怎么玩呢

球员分成两队，骑在马上，手持球杆，击打木球，将球打入对方球门即可得分。在规定的时间内，得分多的球队获胜。

在唐代，上至皇帝，下到百姓，都很喜欢打马球。武将热衷马球，文人也不列外。进士及第后，除了设宴庆贺，还要打一场马球。唐朝的女子也能在球场上一展风采呢！

明·朱瞻基《行乐图卷》局部

打马球是一项比较危险的运动，未经过专业的训练很容易受伤。对于普通人来说也是一项昂贵的运动，而步打球就相对安全和简单得多了。

明·朱瞻基《行乐图卷》局部

步打球怎么玩呢

为了让更多的人体会到打马球的乐趣，人们改骑马击球为徒步击球，被称为“步打球”。步打球是在快速奔跑中击球，将球击入对方球门的一队获胜。

步打球有哪些新玩法

步打球经过演变，到宋代，将球门改成了球窝，玩法变了，名称也随之改为“步击”“捶丸”。元代出现了一部专门记述捶丸运动的著作《丸经》。《丸经》追溯了捶丸发展的历史，讲述了捶丸的场地、器材、竞赛规则以及不同的击球方法和战术，是中国古代描述捶丸最为完整的一部书籍，在这本书里，还强调球场道德和社会体育观念。古人玩游戏是不是也很认真呢？

根据《丸经·衍数章》记载，捶丸比赛不限场地，根据实际环境，准备好若干球窝即可。比赛时，每人三棒，三棒均将球击入窝中能赢一筹，先得十筹、十五筹或二十筹的人获胜。

● 宋·佚名《蕉阴击球图》

诗词拓展

捶 丸

【宋】佚名

城间小儿喜捶丸，
一棒横击落青毡。
纵令相隔云山路，
曲折轻巧入窝圆。

● 明·朱瞻基《行乐图卷》局部

投　壶

投壶，在中国已经有几千年的历史。春秋战国时期，诸侯宴请宾客时的礼仪之一就是请客人射箭。主人请客人射箭，客人是不能推辞的。但是有的客人不会射箭，或者因为场地不够大不适合射箭，于是就用箭投酒壶代替。久而久之，投壶就代替了射箭，成为宴饮时的一种游戏。

投壶游戏怎么玩

最早的投壶，是用短箭投向盛酒的壶中，后来投壶所用的壶和箭都做了改进，制成了专门用于这项活动的壶和箭。投壶时，主人和客人用规定数目的箭轮流投射。

投壶游戏中的趣事

先秦时期玩投壶游戏，游戏开始前，先要说说客套话。主人说：“我这有粗陋的弓箭和投壶，不嫌弃的话咱们玩一下吧！”宾客即使急着玩，也不能立即答应，一定要婉拒两次，主人第三次邀请时，才能答应。

在投壶方式上，也有很多的说法。司马光砸缸你知道吗？这个砸缸的人创作了一本《投壶新格》，规定了投壶的方式。

有初——第一箭入壶，连中——前二箭连中，贯耳——投入壶耳，散箭——第一箭不入壶、第二箭投入，全壶——箭箭都中，有终——最后一支箭入壶，骁箭——投入壶中的箭反弹出来，接着又投中。

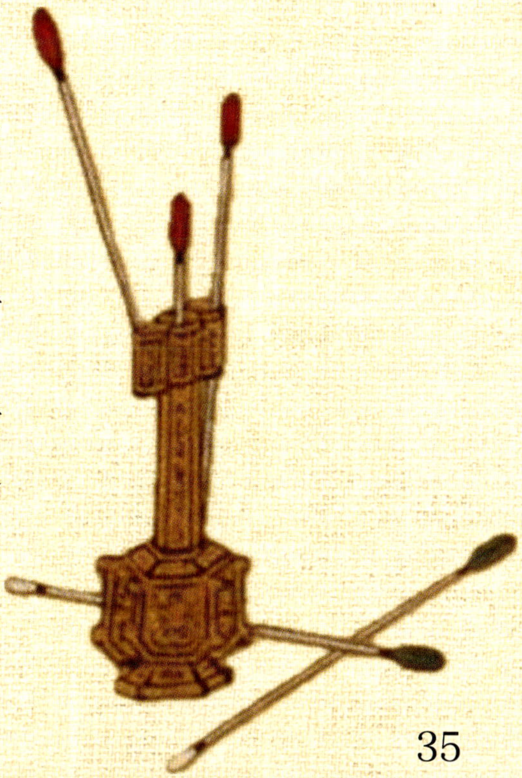

有初（第一箭入壶）

连中（前两箭连中）

贯耳（投入壶耳）

散箭（第一箭不入壶，第二箭投入）

全壶（箭箭都中）

骁箭

（投入壶中的箭反弹出来，接着又投中）

● 五代十国·周文矩《重屏会棋图》局部

冰　嬉

冰嬉，又称为冰技，是古人冬天的一大乐趣。早在宋代，就有关于冰嬉的记载，清代，冰嬉发展到顶峰。乾隆年间，每年都会举办一次冰嬉盛典。

冰鞋

冰嬉所用的冰鞋有两种，一种是防滑鞋，鞋底有铁齿，可以咬住冰，防止跌倒；另一种是加速鞋，鞋底的木板中嵌有钢片，又称为冰刀，滑跑时能减少阻力，速度更快。

关于冰嬉的项目设置，大致可以分为三种：速度滑冰、冰上技巧、冰上蹴鞠。

清·张为邦《冰嬉图》局部

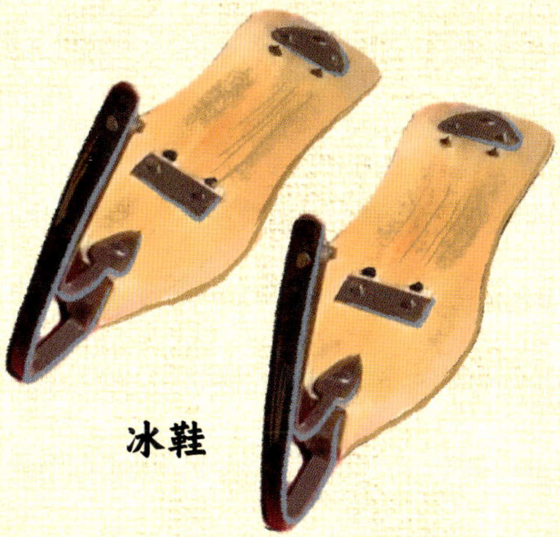

冰鞋

速度滑冰——抢等

抢等是抢夺等次，比的就是速度。设置一个出发点，比赛开始，抢等者听到鸣炮声后一同从出发点出发，向皇帝的冰床滑去。由于抢等者滑行的速度很快，侍卫要防止他们刹不住。完赛后，根据到达终点的先后顺序，分头等、二等等不同等次，参赛的人可以根据等次领取相应的奖赏。

冰上蹴鞠——抢球

冰上抢球称为“革戏”，又称“圆鞠”。

队员分为两队，一队穿红色的衣服，一队穿黄色的衣服，每队有10人参加比赛。

御前侍卫发球，将球踢到场地中央，两队队员开始争抢，只能用手抢，不能用脚踢。抢到的队员重新抛球，大家再次争抢。

在一定的时间内，抢到次数多的一队获胜。

冰上技巧——转龙射球

转龙射球和花样滑冰有点相似，不同的是它是滑冰和射箭相结合的运动，只流行于宫廷。

转龙射球是冰嬉盛会的重头戏。参赛者按照龙形的标志滑行，远远望去，队形像一条龙，因而得名。场地中间设有旌门，旌门上悬挂彩球，八旗子弟滑过旌门的瞬间，开弓射向彩球。

比赛过程中还融入了杂技、乐器演奏、武术等，是不是很有趣呢？

● 清・张为邦《冰嬉图》局部

等待入场的地方代表队。